新时代的中国国家安全

（2025 年 5 月）

中华人民共和国
国务院新闻办公室

人民出版社

目　录

前　言

国之大者，安全为要。

五千年来，为了和平与安宁，中华民族奋斗不息。

鸦片战争以来，为了拯救民族危亡，中国人民奋起抗争。

中国共产党一经成立，就肩负起实现中华民族伟大复兴的历史使命，团结带领中国人民，经过 28 年浴血奋战，建立了中华人民共和国，实现了民族独立、人民解放。

中华人民共和国成立以来，在中国共产党领导下，中国人民自力更生、艰苦奋斗，成功开辟了中国特色国家安全道路。中国战胜了帝国主义、霸权主义的侵略、破坏和武装挑衅，捍卫了国家主权和人民民主政权；坚定不移推进国家完全统一，推动海峡两岸关系从隔绝走向交往，实现香港、澳门顺利回归；正确处理改革发展稳定关系，书写了经济快速发展和社会长期稳定"两大奇迹"；坚持走和平发展道路，为改革开放和现代化建设营造了良好安全环境。

进入新时代，以习近平同志为核心的党中央创造性提出总体国家安全观,成立中央国家安全委员会,全面深化国家安全体制机制改革,加快推进国家安全体系和能力现代化,国家安全得到全面加强。中国在原则问题上寸步不让,进行了具有许多新的历史特点的伟大斗争,经受住了来自政治、经济、意识形态、自然界等方面的风险挑战考验。国家安全工作取得历史性成就,发生历史性变革,为全面建成小康社会、迈上全面建设社会主义现代化国家新征程提供了有力安全保障。

新时代的中国国家安全是总体的、系统的、相对的大安全,是以人民安全为宗旨、以政治安全为根本、以国家利益为准则的安全,是服务和促进高质量发展的安全,是根据经济社会发展动态调整的安全,是支撑进一步扩大高水平开放的安全,是在法治轨道上规范运行的安全。中国统筹自身安全和共同安全,反对安全泛化,不实施安全胁迫,不接受威胁施压,坚持独立自主、自信自立,把解决安全难题放在自身力量的基点上,坚持中国特色国家安全道路。

国家安全是中国式现代化行稳致远的重要基础。为全面阐释新时代中国国家安全工作的创新理念、生动实践和建设成果,分享经验做法,与其他国家一道推动世界和平和发展,推动构建人类命运共同体,中国政府特发布本白皮书。

一、中国为变乱交织的世界注入确定性和稳定性

当前,中国进入以中国式现代化全面推进强国建设、民族复兴伟业的关键时期。面对外部环境变化带来的不利影响加深、内部风险挑战增多的复杂形势,中国统筹中华民族伟大复兴战略全局与世界百年未有之大变局,国家安全形势保持总体稳定、稳中有进,与亚太国家共同维护地区和平和发展,为动荡不安的世界注入可靠的稳定性。

(一)世界在新的动荡变革中站在历史的十字路口

20世纪,人类社会遭受了两次世界大战的浩劫,又陷入冷战泥潭近半个世纪,旷日持久的恐慌和不安笼罩全球,欲免后世再遭战祸是当时人们的共同期盼。

当前,世界之变、时代之变、历史之变正以前所未有的方式展开,多重矛盾风险盘根错节,和平赤字、发展赤字、安

全赤字、治理赤字加重。人类社会面临和平还是战争、繁荣还是衰退、团结还是对抗的关键抉择，又一次站在历史的十字路口。

地缘冲突加剧。霸权主义、强权政治和冷战思维回潮，恃强凌弱、巧取豪夺、零和博弈等霸权霸道霸凌行径危害深重。个别大国罔顾国际责任，"毁约退群"，破坏全球稳定。局部冲突和动荡频发。国际军备竞赛持续升级。民粹主义和极端政治思潮泛起。一些国家政策调整产生严重负面外溢效应。

经济全球化遭遇逆流。单边主义、保护主义加剧，多边贸易体制受阻，"筑墙设垒"、"脱钩断链"等破坏全球产业链供应链安全。个别国家以非经济理由对他国加征关税，扰乱全球经济秩序。世界经济增长动能不足，国际经济循环遭遇阻碍，全球发展鸿沟拉大。

非传统安全挑战增多。极端气候灾害频发，生态、粮食、能源安全备受挑战。恐怖主义、分裂主义、宗教极端势力、重大跨国疫情等对安全构成严重威胁。太空、深海、极地、网络等领域安全问题不断涌现。

新一轮科技革命"双刃剑"效应突显。人工智能、量子技术、生物技术等前沿技术加速发展，在为人类认识和改造世界赋能的同时,也带来一系列难以预知的风险挑战,对各国国家安全和社会稳定产生深远影响,甚至将重塑全球安全格局。

同时,和平、发展、合作、共赢的历史潮流不可阻挡,人类发展进步的大方向、世界历史曲折前进的大逻辑没有变。国际力量对比深刻调整,"全球南方"声势卓然壮大,在促进世界和平、合作应对全球性挑战方面发挥更加重要作用,日益成为稳定、向善、进步的中坚力量。安宁和睦、繁荣发展仍是世界人民的共同心愿和追求,各国已乘坐在一条命运与共的大船上,没有哪个国家能够退回到自我封闭的孤岛,人类只有和衷共济、和合共生这一条出路。

(二) 亚太在总体稳定中面临严峻挑战

亚洲和太平洋地区在世界格局中具有重要战略地位,是全球经济繁荣的重要引擎。亚太地区已保持近半个世纪的总体和平,没有爆发大规模武装冲突。但随着世界经济和战略重心持续向亚太地区转移,亚太地区安全面临诸多严峻挑战。

亚太地区是全球格局中的稳定板块。促和平、求稳定、谋发展是亚太多数国家的战略取向和共同诉求,通过对话协商处理分歧和争端是地区国家的主要政策取向。多数国家坚持真正的多边主义和开放的区域主义，区域经济一体化进程增进地区国家间政治互信。地区安全机制建设不断推进，区域和次区域安全合作不断深化。

亚太地区成为大国博弈焦点。个别国家强化亚太军事同盟，拉拢地区盟伴，构建排他性"小集团"，执意推进包括中导系统在内的军事部署，严重加剧地区紧张局势。一些冷战遗留问题有重新升温的危险，尚待解决的领土和海洋权益争端在域外势力介入后处置难度和复杂程度提升。

面对变乱交织的世界、风起云涌的亚太，中国始终站在历史正确的一边，站在人类进步的一边，以中国的确定性稳住不确定的世界。中国始终做捍卫国家利益的坚定力量，任何极限施压、威胁讹诈，都无法撼动14亿多中国人民的众志成城。中国始终做维护世界和平稳定的正义力量，继续拓展平等、开放、合作的全球伙伴关系，积极践行中国特色热点问题解决之道，与"全球南方"谱写团结自强的新篇章，让和平发展成为世界各国的共同选择。中国始终做维护国际公平正义的进步力量，坚持真正的多边主义，以人类前途为怀、人民福祉为念，推动共商共建共享的全球治理，恪守联合国宪章宗旨和原则，为构建平等有序的世界多极化凝聚更广泛的共识。中国始终做促进全球共同发展的建设力量,扩大高水平对外开放,同各国分享中国式现代化的广阔机遇,维护多边贸易体制,营造开放、包容、非歧视的国际合作环境,推动普惠包容的经济全球化。

(三) 中国在化解风险中保持稳固坚韧

进入新时代,中国综合国力、国际影响力、抵御风险能力显著增强,持续保持政治安定、民族团结、社会稳定、经济发展,是世界上最安全的国家之一。

同时,随着世界大发展大变革大调整,中国进一步全面深化改革,既面临新的发展机遇,也面临风险考验;既承受全球性、地区性的共同安全风险,也面临民族复兴关键阶段的特殊安全挑战。

外部安全压力加大。西方反华势力千方百计对中国围堵、打压、遏制,对中国实施西化、分化战略,进行渗透、破坏活动。域外势力加大插手中国周边事务力度,给中国边疆、边境、周边安全造成威胁。个别国家粗暴干涉中国内政,在台海、南海、东海滋扰搅事,在涉疆、涉藏、涉港等问题上频频滋事。一些外部势力处心积虑打"台湾牌","台独"势力顽固坚持分裂立场,冒险挑衅。境外"藏独"、"东突"等分裂势力活动频繁。

重点领域风险复杂多元。传统和非传统安全威胁交织融合。一些关键核心技术仍受制于人,经济回升向好基础尚不稳固,重大自然灾害、安全生产事故、公共卫生事件、恶性犯罪事件等影响社会安全稳定的情况仍时有发生,海外机构、项目、人员安全面临现实风险。

总的看,新时代中国国家安全的内涵和外延比历史上任何时候都要丰富,时空领域比历史上任何时候都要宽广,内外因素比历史上任何时候都要复杂。中国把国家安全摆在更加突出的位置来抓,坚决顶住和反击外部遏制打压,把安全发展贯穿国家发展各领域全过程,着力提高公共安全治理水平,有力维护国家主权、安全、发展利益,成功续写经济快速发展和社会长期稳定"两大奇迹"新篇章。

面向未来,中国维护和塑造国家安全的能力前所未有,决心矢志不渝。有中国共产党的坚强领导,有中国特色社会主义制度的显著优势,有持续快速发展积累的坚实基础,有 14 亿多中国人民的团结一心,中国全面推进强国建设、民族复兴伟业的历史进程不可阻挡,必将为维护地区稳定繁荣、促进世界和平发展作出新的更大贡献。

二、总体国家安全观为新时代国家安全指引方向

中华民族在 5000 多年发展进程中创造了博大精深的灿烂文化,蕴含着丰富的国家安全战略思想,如注重忧患意识,"安而不忘危,存而不忘亡,治而不忘乱";突出民本思想,"民惟邦本,本固邦宁";主张讲信修睦,"亲仁善邻,国之宝也";力求内外兼顾,"内事文而和,外事武而义"等等。这些传统中国国家安全观念,历久弥新,为安定国家、消除内外祸乱发挥了积极作用。

新中国成立以来,中国领导人高度重视国家安全。毛泽东提出划分三个世界的战略,邓小平作出和平与发展是当今时代主题的重大判断,江泽民提出建立互信、互利、平等、协作的新安全观,胡锦涛强调坚持走和平发展道路。这些国家安全战略思想,对维护国家安全、促进世界和平发挥了重要作用。

进入新时代,2014 年 4 月 15 日,在中央国家安全委员

会第一次全体会议上,习近平总书记创造性提出总体国家安全观。总体国家安全观全面汲取了中华优秀传统文化精髓,系统总结了中国共产党维护国家安全理论成果和实践经验,是新中国成立以来第一个被确立为国家安全工作指导思想的重大战略思想,是习近平新时代中国特色社会主义思想的重要组成部分,是当代中国对世界的重要思想理论贡献。

总体国家安全观根植于中国特色社会主义新时代,既要解决好世界各国面临的共性安全问题,又要处理好东方大国独有的安全难题。中国作为社会主义大国,必须确保中国共产党的领导和中国特色社会主义制度不变色;作为具有 14 亿多人口的超大规模国家,幅员辽阔、民族众多,必须维护国家统一、民族团结,坚决反对任何形式的分裂活动;作为毗邻国家众多、陆海边界漫长、周边安全形势复杂的国家之一,必须稳固周边战略依托;作为正处于民族复兴关键阶段的大国,愈进愈难、愈进愈险,必须推动高质量发展和高水平安全良性互动;作为坚持走和平发展道路的大国,必须促进自身安全和共同安全相协调。

总体国家安全观正是在对时代发展大势的深邃思考中创立,在对中国特色国家安全道路的不懈探索中发展的,蕴含着中国国家安全治理的价值理念、工作思路和机制路径。总体国家安全观强调，坚持以人民安全为宗旨、以政治安全为根本、以经济安全为基础、以军事科技文化社会安全为保障、以促进国际安全为依托，统筹发展和安全，统筹外部安全和内部安全、国土安全和国民安全、传统安全和非传统安全、自身安全和共同安全，统筹维护和塑造国家安全，以新安全格局保障新发展格局。

（一）把握总体为要

总体国家安全观的关键在于"总体"，"总体"是新时代中国国家安全的灵魂。它突出大安全理念，涵盖政治、军事、国土、经济、金融、文化、社会、科技、网络、粮食、生态、资源、核、海外利益、太空、深海、极地、生物、人工智能、数据等诸多领域，并随着社会发展不断动态调整。大安全，是新形势下对国家生存和可持续发展的维护，但不是安全泛化，更不是追求绝对安全。大安全是通过抓好一地一域一业的安全为国家总体安全创造条件，是通过及时有效解决一个个安全问题为国家长治久安筑牢根基。要坚持系统思维，加强科学统筹，通盘考虑各种安全要素，处理好发展和安全、外部和内部、活力和秩序、风险和机遇、维权和维稳等重大关系,增强国家安全工作系统性、整体性、协同性,打好国家安全总体战。

（二）践行人民安全宗旨

这是新时代中国国家安全的根本立场。中国共产党的性质宗旨和中国的国体政体决定了党、人民和国家是一个共同体。江山就是人民、人民就是江山。中国国家安全一切为了人民,一切依靠人民。中国共产党与中国人民休戚与共、生死相依,任何想把中国共产党同人民分割开来、对立起来的企图,都绝不会得逞。中国共产党始终把人民群众生命安全和身体健康放在第一位,切实保护人民群众的财产安全和其他合法权益,着力解决人民群众反映强烈的安全问题,不断提高人民群众的获得感、幸福感、安全感。

（三）坚持把政治安全摆在首位

这是新时代中国国家安全的生命线。政治安全的核心是政权安全和制度安全,最根本的就是维护中国共产党的领导和执政地位、维护中国特色社会主义制度。如果政治安全得不到保障,中国必然会陷入四分五裂、一盘散沙的局面,中华民族伟大复兴就无从谈起,人民群众的根本利益和长远利益就无法得到保障。必须增强政治敏锐性和政治鉴别力,及时消除各种政治隐患,防止非政治性风险蔓延为政治风险。

(四)坚守维护国家利益准则

这是新时代中国国家安全的基本要求。每个国家都要维护自身的国家利益,同时都应该在更加广阔的层面考虑自身利益,不能以损害其他国家利益为代价,各国应该尊重彼此核心利益和重大关切。中国维护国家安全,主要是维护国家利益尤其是核心利益。中国核心利益主要包括:国家政权、主权、统一和领土完整、人民福祉、经济社会可持续发展。中国不觊觎他国权益,不嫉妒他国发展,但决不放弃自身的正当权益,决不拿自己的核心利益做交易。

(五)防范化解国家安全风险

这是新时代中国国家安全的中心任务。中国面临的风险是多方面的。各种风险都要防控,但重点是防控那些可能迟滞或中断中华民族伟大复兴进程的全局性风险。既要高度警惕"黑天鹅"事件,也要防范"灰犀牛"事件;既要有防范风险的先手,也要有应对和化解风险挑战的高招;既要打好防范和抵御风险的有准备之战,也要打好化险为夷、转危为机的战略主动战。发扬斗争精神,敢于斗争、善于斗争,在斗争中求团结、谋合作、促共赢。坚持底线思维,着力防范各类风险挑战内外联动、跨域传导、累积叠加,坚决守住不发生系统性风险的底线。

(六) 推进国际共同安全

这是新时代中国国家安全的大国担当。实现中华民族伟大复兴,不仅需要安定团结的国内环境,而且需要和平稳定的国际环境。中国不认同"国强必霸"的陈旧逻辑,中华民族的血液中没有侵略他人、称王称霸的基因。各国应该在谋求自身安全时兼顾他国安全,努力走出一条互利共赢的安全之路。中国倡导共同、综合、合作、可持续的安全观,提出并推动落实全球发展倡议、全球安全倡议、全球文明倡议,积极参与全球安全治理,加强国际安全合作,与世界各国一起携手构建人类命运共同体。

(七) 加强党对国家安全工作的绝对领导

这是新时代中国国家安全的根本保证。中国特色社会主义制度和基本国情,决定了应对前进道路上的各种风险挑战,必须坚持中国共产党的领导。党发挥总揽全局、协调各方的领导核心作用,党的领导是全面的、系统的、整体的,贯穿到国家安全工作各方面全过程。中国共产党十八届三中全会决定成立中央国家安全委员会,目的就是更好适应国家安全的新形势新任务,建立集中统一、高效权威的国家安全体制,加强对国家安全工作的领导。

总体国家安全观引领中国国家安全工作不断开创新局面,在国际上树立起合作包容的国家安全理念,将为新时代新征程中国特色国家安全提供理论指引,为推动和完善全球安全治理贡献中国智慧,为维护世界和平稳定发挥重要作用。

三、为中国式现代化行稳致远
提供坚实支撑

进入新时代,围绕实现国家战略目标,贯彻总体国家安全观,中国国家安全坚决履行党和人民赋予的重大责任,防范化解中国式现代化进程中的各种风险,为实现中华民族伟大复兴筑牢安全屏障,为促进世界和平与发展提供战略支撑。

(一) 维护党的执政地位和社会主义制度

中国国家安全关键在党。中国把维护政治安全放在首要位置,始终从维护政治安全的高度谋划和推进其他领域安全,提高防范政治风险能力,及时阻断不同领域风险的转化通道,避免交叉感染,防止非政治性风险蔓延为政治风险,确保党的长期执政和国家长治久安。

维护政权安全、制度安全和意识形态安全。全面深化党的建设制度改革,深入推进全面从严治党,不断把党的政治优势、组织优势、制度优势转化为党和国家的治理优势。毫不动摇坚持和完善中国特色社会主义制度，完善人民代表大会制度、中国共产党领导的多党合作和政治协商制度、民族区域自治制度以及基层群众自治制度。坚持马克思主义在意识形态领域的指导地位，建设具有强大凝聚力和引领力的社会主义意识形态，牢牢守住思想舆论阵地，营造风清气正的网络环境。中外有关民调报告显示，中国受访者对政府的信任度、民主状况的满意度、廉洁政府认同度均超过九成，在受访国家中始终名列前茅。

防范抵御敌对势力渗透、破坏、颠覆、分裂活动。坚决防范境外反华势力通过宣扬西方民主自由人权和所谓"普世价值"，对中国实施西化、分化战略；严密防范、严厉打击敌对势力对我策动"颜色革命"、"街头政治"等各类渗透颠覆活动。常态化开展全民国家安全教育，筑牢人民防线。全面贯彻新时代党的治藏方略、治疆方略，依法打击分裂破坏活动，渗透得到有效遏制，社会治安状况明显好转。

保持香港、澳门长期繁荣稳定。全面准确、坚定不移贯彻"一国两制"方针，落实中央全面管治权，落实"爱国者治港"、"爱国者治澳"原则，落实特别行政区维护国家安全的法律制度和执行机制，坚持中央全面管治权和保障特别行政区高度自治权相统一。制定实施香港特别行政区维护国家安全法，完善香港特区选举制度，依法惩治危害国家安全分子，推动香港从由乱到治走向由治及兴。

（二）提高人民群众获得感、幸福感、安全感

国泰民安是人民群众最基本、最普遍的愿望。当前，中国社会主要矛盾发生深刻变化，人民群众的安全需求更趋强烈、更加多元。中国从满足人民群众在民主、法治、公平、正义、安全、环境等方面日益增长的需求出发，从最突出的问题着眼，着力抓好维护社会稳定、安全生产、食品药品安全、防范重特大自然灾害，确保人民安居乐业、社会安定有序。

建设平安中国。持续深化严打暴恐专项行动，对"东突"等"三股势力"保持依法严打高压态势，实现反恐斗争形势根本好转。依法打击各类黑恶势力违法犯罪，扫黑除恶常态化走深走实。社会治安持续稳定向好，依法严惩群众反映强烈的黄赌毒、食药环、盗抢骗和针对妇女儿童、留守老人的突出违法犯罪，依法严厉打击电信网络诈骗、跨境赌博、侵犯公民个人信息等新型犯罪和跨国跨境跨区域犯罪，保护人民人身权、财产权、人格权。建立健全维护社会

稳定责任制,社会大局保持稳定。坚持和发展新时代"枫桥经验",加强综治中心规范化建设,推进矛盾纠纷化解法治化。维护社会公平正义,培育自尊自信、理性平和、积极向上的社会心态。中国是世界上命案发案率最低、刑事犯罪率最低、枪爆案件最少的国家之一。据中国公安部数据,2023 年中国每十万人命案发生数为 0.46 起,2024 年为 0.44 起。

提升应急管理能力水平。建立高效科学的自然灾害防治体系,加强区域应急力量建设,强化基层应急基础,提高防灾减灾救灾能力。2024 年,全国自然灾害受灾人次、倒塌房屋数量,与前 5 年均值相比分别下降 20.4%、50%。完善和落实安全生产责任制,加强重点行业、重点领域安全监管,完善安全生产风险排查整治和责任倒查机制。2024 年,全国共发生各类生产安全事故 2.18 万起,较大事故 389 起,同比分别下降 11%、10.8%,重特大事故 9 起,首次降到个位数。

维护人民生命安全和身体健康。健全公共卫生体系,强化基层医疗卫生服务,抓好重大新发突发传染病防控。严格开展食品生产经营监督检查,持续深化药品安全巩固提升行动,强化食品药品安全监管。健全覆盖全人群、全生命周期的人口服务体系,完善生育支持政策体系和激励机制,推动建设生育友好型社会。2024 年,中国人均预期寿命达 79 岁。

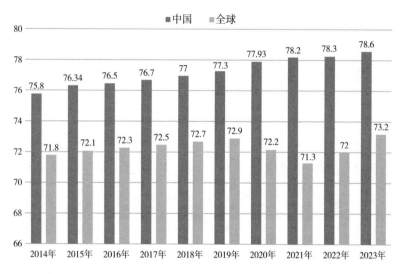

图 1　2014 年至 2023 年中国和全球人均预期寿命比较(岁)

保护生态安全。中国坚持精准治污、科学治污、依法治污,以解决人民群众反映强烈的大气、水、土壤等突出问题为重点,持续打好蓝天、碧水、净土保卫战,扎实开展农村人居环境整治行动。2024 年,全国 $PM_{2.5}$ 平均浓度为 29.3 微克/立方米,相比 2015 年下降 36%,重污染天数下降 68%,优良天数比例连续 5 年达到 86% 以上,人民群众对生态环境的满意度超过 91%。提升生态系统质量和稳定性,推进山水林田湖草沙一体化保护和系统治理,全国森林覆盖率2024年超25%,本世纪以来全球新增绿化面积约1/4来自中国。

(三) 保障高质量发展

中国的发展历程表明,不发展有不发展的问题,发展起来有发展起来的问题,发展起来后出现的问题并不比发展起来前少。针对发展中的突出矛盾和问题,中国牢固树立安全发展理念,加快完善安全发展体制机制,补齐相关短板,维护科技、金融、粮食、能源资源、产业链供应链、海外利益等领域安全,在推动发展中及时化解矛盾风险,把国家发展建立在更为安全、更为可靠的基础之上。

推动经济持续健康发展。坚持把保证基本经济制度安全放在首位。提高经济发展质量和效益,深化供给侧结构性改革,着力建设全国统一大市场,全方位扩大国内需求,实现经济在更高水平上的动态平衡。持续提升产业链供应链韧性和安全水平,加快建设现代化产业体系,构建自主可控、安全可靠的国内生产供应体系。

坚决守住不发生系统性金融风险的底线。积极发挥货币政策工具总量和结构双重功能,管好货币总闸门,保持人民币汇率在合理均衡水平上的基本稳定。规范资本市场秩序,保持资本市场稳定。努力稳定楼市,着力构建房地产发展新模式。稳妥处置地方政府债务风险,精准化解地方中小金融机构风险。

扛稳粮食安全重任。落实国家粮食安全战略,牢牢守住18亿亩耕地红线,加快种源核心技术攻关,粮食产购储加销体系不断健全。粮食产量连续10年稳定在6.5亿吨以上,2024年突破7亿吨。

确保能源和重要资源安全。建立多元供应体系,抑制不合理能源消费,保持能源供需总体平衡,推动能源体制改革和技术创新,全方位加强国际合作,实现开放条件下能源安全。实施新一轮找矿突破战略行动,充实战略性矿产储备,加强可再生资源回收利用,保障重要资源充足、稳定、可持续供应。

加快实现高水平科技自立自强。发挥新型举国体制优势,在基础原材料、高端芯片、工业软件、农作物种子等关键核心技术上全力攻坚,在人工智能、量子信息等领域前瞻部署,加快攻克重要领域"卡脖子"技术并实现产业化,"祖冲之"系列超导量子计算原型机、"嫦娥六号"探测器、"梦想"号大洋钻探船等纷纷取得突破。加快布局国家战略科技力量,加强基础科学研究,推动国家实验室体系建设,统筹推进国际和区域科技创新中心建设,强化企业技术创新主体地位,提高科技成果转化和产业化水平。中国的全球创新指数排名从 2012 年的第 34 位跃升至 2024 年的第 11 位,进入创新型国家行列。构建科技安全风险监测预警和应对体系,完善新兴技术领域监管制度,塑造科技向善的文化理念,把科技伦理要求贯穿科技活动全过程。

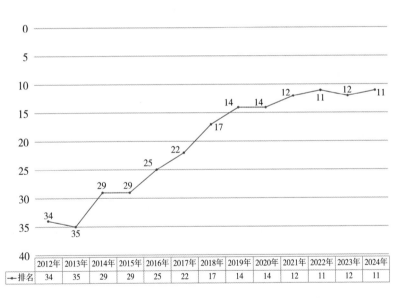

图 2 2012 年至 2024 年中国的全球创新指数排名

加强海外利益保护。中国通过涉外法治、外交和领事保护、撤侨护航行动、国际合作等手段维护自身海外利益。

坚持预防为先,强化海外利益和投资风险预警、防控、保护体制机制,建立全球领事保护与服务应急呼叫中心,开通"12308"24小时应急热线,发挥"走出去"公共服务等平台作用,维护海外中国公民、组织和机构的安全和合法权益。2024年,中国从国外高风险地区累计平安撤回1万多位同胞,处理领保求助案件5万多起。

（四）维护国家领土完整和海洋权益

中国尚未实现完全统一,维护领土主权、海洋权益和国家统一的任务艰巨繁重。中国绝不允许任何人、任何组织、任何政党、在任何时候、以任何形式、把任何一块中国领土从中国分裂出去。中国坚持陆海统筹,坚持维护国家主权、安全、发展利益相统一。

坚定不移推进国家完全统一。坚持一个中国原则和"九二共识",贯彻新时代中国共产党解决台湾问题的总体方略和对台大政方针,推动两岸关系和平发展、融合发展,拉紧两岸情感纽带和利益联结,厚植国家和平统一的基础。团结广大台湾同胞,坚定支持岛内爱国统一力量,加强两岸对话沟通和民主协商,共商统一大计,共谋统一大业。坚决反对"台湾地位未定论",联大第2758号决议的法律效力不容置疑,台湾是中国的一个省,没有任何根据、理由或权利参加联合国及其他只有主权国家才能参加的国际组织。坚决反对"台独"分裂和外部势力干涉,依法打击"台独"顽固分子,有力震慑"台独"分裂势力。中国始终以最大诚意、尽最大努力争取和平统一,但决不承诺放弃使用武力,保留采取一切必要措施的选项。

维护边境安全和海洋权益。先后同 14 个陆上邻国中的 12 个谈判协商解决陆地边界问题,与印度、不丹的边界谈判持续推进。完成中越北部湾海域划界,同周边 9 个国家签订边防合作协议,同 12 个国家建立边防会谈会晤机制,常态化开展友好互访、工作会谈和联合巡逻执勤、联合打击跨境犯罪演练等活动。在钓鱼岛海域常态化巡航执法。中国对南沙群岛及其附近海域拥有无可争辩的主权,对南沙部分驻守岛礁进行建设和设施维护,改善岛上人员工作生活条件,提供导航、救援、天气及海洋环境预报等国际公共安全产品。

(五) 确保新兴领域安全可靠

新兴领域发展源于科技的创新和应用,是国家安全的新疆域。新兴领域技术创新发展与安全治理不平衡,在安全、社会治理、道德伦理等方面带来许多新课题，是各国面临的长期重大挑战。中国高度重视新兴领域技术发展和风险防范，注重前瞻预防和约束引导，建立健全相关法律和规章制度，逐步实现敏捷治理、分类分级管理、快速有效响应。

筑牢网络、数据、人工智能安全屏障。持续强化网络安全统筹机制、手段、平台建设，确保关键信息基础设施安全可靠。出台实施数据安全法，建立数据分类分级保护、监测预警、应急处置、安全审查、出口管制、对等反制等六大数据安全管理制度机制。按照发展与安全并重、促进创新与依法治理相结合的原则，构建人工智能安全监管和评估体系，完善人、技、物、管配套的安全防护体系。

提高生物安全治理能力。加强生物安全风险防控和治理体系建设，建立健全突发事件应急预案，提高新型生物技术和新型药物疫苗研发等能力，提升生物资源安全监管水平，强化对生物安全风险的系统治理和全链条防控。

增强自身核安全能力。把保障核安全作为重要的国家责任，对核设施、核材料、核活动和放射性物质实施全链条监管，持续推进核安全监管体系和监管能力现代化，长期保持良好的核安全记录。

专栏一:依法严打网络违法犯罪,"净网 2024"取得显著成效

2024 年,全国公安机关持续开展"净网 2024"专项行动,依法严厉打击整治各类网络违法犯罪活动,全年共侦办网络违法犯罪案件 11.9 万余起,有力维护了网上政治安全、网络空间安全和社会公共安全,不断提高人民群众在网络空间的获得感、幸福感、安全感。全年侦办网络谣言案件 4.2 万余起,关停违法违规账号 33 万余个,清理网络谣言信息 252 万余条。锚定网络黑灰产业关键领域开展精准打击,加大对黑灰产违法信息的识别、阻断和清理力度,侦办网络黑灰产案件 2.5 万余起。聚焦公民个人信息泄露、倒卖、非法使用等关键环节,全力侦破攻坚,侦办侵犯公民个人信息案件 7000 余起。

四、在发展中固安全，
在安全中谋发展

当今时代,发展利益和安全利益复杂交织,发展问题可能转化为安全风险,安全得不到保障也会严重制约发展。如何处理好发展和安全的关系,是世界各国面临的共同难题。

中国高度重视统筹发展和安全,树立发展是硬道理、安全也是硬道理的理念,努力实现高质量发展和高水平安全良性互动。实践证明,发展是基础、安全是前提,发展和安全是一体之两翼、驱动之双轮。既要坚持通过发展提升国家安全实力,以高质量发展促进高水平安全;又要不断提高安全保障能力,明确安全边界、守好安全底线,以高水平安全保障高质量发展。中国始终坚持对外开放基本国策,强调越开放越要重视安全,着力推动提升对外开放水平与增强开放监管能力、风险防控能力相统一。

进入新时代,中国明确把统筹发展和安全作为治国理政的重大原则之一,纳入经济社会发展全局考虑,既一以贯之抓好高质量发展这个"第一要务",又办好保证国家安全这个"头等大事",把发展和安全统一起来,共同谋划、一体部署、相互促进。

(一)推动发展和安全动态平衡、相得益彰

——高质量发展是第一要务,不发展是最大的不安全。把高质量发展作为新时代的硬道理,在不断壮大物质技术基础上谋求安全。实践表明,发展和改革开放停滞不前,不仅难以实现安全,还会削弱安全的根基。中国坚持正确处理改革发展稳定的关系,把改革的力度、发展的速度和社会可承受的程度统一起来,通过改革发展促进社会稳定。

——高水平安全是发展的前提,没有高水平安全就没有高质量发展。中国始终从国家发展的总体格局中把握国家安全的历史使命,通过明底线、防风险,营造有利于经济社会发展的良好环境,保障经济社会发展的成果。

营造良好外部安全环境。当今世界形势动荡不安,地缘政治挑战风高浪急,暗礁和潜流增多,对维护国家安全提出了更高要求。中国坚持走和平发展道路,在坚定维护世界和平与发展中谋求自身发展,又以自身发展更好维护世

界和平与发展。新中国成立以来,从来没有主动挑起过任何一场战争和冲突。中国向全世界庄严承诺,永不称霸,永不扩张,永不谋求势力范围,是唯一将和平发展写入宪法和执政党党章,上升为国家意志的大国。面对个别国家的无理打压,中国在原则问题上决不退让,在争议问题上保持对话,在互利共赢领域拓展合作,努力保持双边关系总体稳定。中国致力于将"一带一路"建成和平之路,不会重复地缘博弈的老套路。在和平和安全问题上,中国是世界上纪录最好的大国,中国式现代化是走和平发展道路的现代化,炒作中国"国强必霸"、渲染"中国威胁论",纯属无稽之谈。

坚决维护社会大局稳定。中国社会结构正在发生深刻变化,互联网深刻改变社会交往方式,社会观念、社会心理、社会行为发生深刻变化,对社会稳定带来很大挑战。中国致力于建设一个现代化的社会,既充满活力,又拥有良好秩序。更加注重深化体制机制改革,完善共建共治共享的社会治理制度,实现政府治理同社会调节、居民自治良性互动。更加注重加强基层社会治理,将矛盾纠纷化解在基层,将和谐稳定创建在基层。更加注重维护社会公平正义,保障公民人身权、财产权、人格权和基本政治权利不受侵犯。

更加注重依法维护社会稳定,坚持法治国家、法治政府、法治社会一体建设,落实维护社会稳定责任制,从制度机制上积极预防化解社会矛盾;依法保障在华外国人的安全和合法权益。中国依法开展反恐怖斗争、打击恶性犯罪等工作,满足了人民群众对社会安全稳定的殷切期待,是真正意义上的尊重和保障人权。

化解高质量发展中各种风险挑战。当前,中国正处在转变发展方式、优化经济结构、转换增长动力的关键时期,结构性、体制性、周期性问题相互交织,高质量发展面临许多不确定性和风险挑战。中国坚持在发展中平稳化解风险,在化解风险中加速高质量发展。把握粮食安全主动权,保障能源和重要资源安全,确保产业链供应链安全,有效化解重点领域风险。加快构建房地产发展新模式,积极稳妥化解房地产领域风险。深入推进财税体制改革,完善政府债务管理制度,实施近年来力度最大化债支持政策,推动地方政府债务重组、展期、置换和地方融资平台改革转型。发行特别国债支持国有大型商业银行补充核心一级资本。统筹推进地方中小金融机构防风险、强监管、促高质量发展,严格准入标准和监管,推动兼并重组、实现减量提质。

推动新技术新业态新模式安全发展。科技创新能够催生新产业、新模式、新动能,是发展新质生产力的核心要素,是高质量发展的强劲推动力、支撑力,但很多技术都是"双刃剑"。新技术新业态新模式已经成为统筹发展和安全的前沿和关键领域。中国坚持促进创新和防范风险相统一,制度规范与自我约束相结合,积极而稳慎地推进新技术开发、应用和治理。中国注重完善科技安全法治体系,围绕人工智能、生物科技、自动驾驶等领域,加快推进相关立法工作。注重优化新兴技术监管服务,推动建立新技术新业态安全监管制度,保持产业发展和社会稳定的平衡。注重提升新兴技术包容性,处理好公平和效率、资本和劳动、技术和就业的关系,完善利益协调机制,维护各方合法权益,让更多人共享科技创新成果。

中国在历经磨难中成长,在攻坚克难中壮大。中国经济基础稳、优势多、韧性强、潜能大,长期向好的支撑条件和基本趋势没有变,发展前景光明,有能力更好统筹发展和安全,坚决防范化解重点领域风险,有效应对外部冲击,稳定预期、激发活力,推动经济持续回升向好,保持社会和谐稳定。

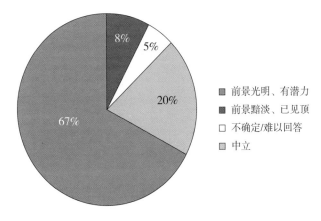

图3　中国经济发展前景全球民意调查

图例：
- 前景光明、有潜力
- 前景黯淡、已见顶
- 不确定/难以回答
- 中立

（二）推动开放和安全相互促进、协同提升

——在统筹开放和安全中不断发展壮大。处理好自立自强和开放合作的关系，处理好积极参与国际分工和保障国家安全的关系，不断增强在对外开放环境中动态维护国家安全的本领。改革开放以来，中国不断织密开放安全网，成功应对了亚洲金融危机、国际金融危机等重大风险，在开放中实现了快速发展，逐步成为世界第二大经济体、世界货物贸易第一大国、150多个国家和地区主要贸易伙伴，对全球经济增长的贡献率连续多年保持在30%左右。

——中国开放的大门只会越开越大。经济全球化是社会生产力发展的客观要求和科技进步的必然结果，为世经济增长提供了强劲动力，是不可逆转的历史大势。近年来，贸易保护主义抬头，个别国家企图推动制造业回流，与经济发展规律和经济全球化大势背道而驰。中国始终站在历史正确的一边，反对逆全球化、泛安全化，反对单边主义、保护主义，建设开放型世界经济，推动普惠包容的经济全球化。

坚定不移推进高水平对外开放。中国实行更加积极的自主开放和单边开放，稳步扩大制度型开放。自2024年12月1日起，对原产于同中国建交的最不发达国家100%税目产品适用税率为零的特惠税率。单方面对38国人员实行入境免签政策，对54国人员实行240小时过境免签政策。中国将主动对接、积极吸纳高标准国际经贸规则，有序扩大商品、服务、资本、劳务等市场对外开放，扩大面向全球的高标准自由贸易区网络。中国正在建设自由贸易试验区和海南自由贸易港，有序开展对外开放压力测试，探索制度型开放的有效路径。中国提出构建以国内大循环为主体、国内国际双循环相互促进的新发展格局，绝不是走向封闭的国内单循环，而是开放的、相互促进的国内国际双循环。

——在扩大对外开放中提升安全水平。中国重视利用国际通行规则维护开放安全，借鉴国际经验做法，加快构建现代化风险防控体制机制,健全开放条件下防御外部风险的制度体系,促进开放和安全协同共进。

坚决维护开放发展权利。维护发展权利是中国国家安全的红线之一。任何损害中国发展权利的图谋,中国都将坚决进行强有力反击。中国坚决反对滥用出口管制,坚决反对单边制裁和"长臂管辖"。个别国家以安全为名,对华打关税战、贸易战、科技战、舆论战,严重威胁中国的安全发展。近期,美国以各种借口宣布对包括中国在内的所有贸易伙伴滥施关税,严重侵犯各国正当权益,严重违反世界贸易组织规则,严重损害以规则为基础的多边贸易体制,严重冲击全球经济秩序稳定,中国政府对此强烈谴责,坚决反对。中国采取必要的合理反制措施,完全是符合国际法和国际通行做法的正当防卫。中国维护开放发展权利的决心坚定不移,将不断健全反制裁、反干涉、反"长臂管辖"机制,丰富反制政策工具箱,坚定捍卫国家发展权利。

努力促进生产要素有序流动。经济全球化有赖于生产要素的全球安全有序流动。遵循国际惯例,中国完善出口管制体系,全面加强知识产权保护,构建合法、安全、有序的出入境管理秩序,优化便利外国人来华政策举措,推动资本、人才、技术等依法有序跨境流动,促进全球生产要素高效配置。数据已成为全球新的重要生产要素。中国借鉴既有国际实践,着眼于促进全球数据安全保护标准协调性和一致性,制定实施网络安全法、数据安全法、个人信息保护法等法律法规,提升网络安全防护能力和数据安全监管能力。中国本身是国际网络攻击的受害者,一贯反对并打击任何形式的网络攻击。所谓中国实施网络攻击,既没有证据,也没有道理。中国坚持推动发展和依法管理相统一,在确保国家数据安全前提下,鼓励数据依法合理有效利用,保障数据依法有序自由流动。中国数据安全审查针对的是影响或者可能影响国家安全的活动,不影响企业和个人数据正常跨境流动。

依法坚定捍卫自身正当安全利益。中国注重运用法治思维和法治方式,在开放环境下维护国家主权、安全和发展利益。加强涉外法治建设,及时出台反外国制裁法、对外关系法、出口管制法等法律法规,不断加强执法司法国际合作,稳步提高涉外法律服务水平,依法保障海外人员、机构和资产等安全。出台外商投资法,建立外商投资安全审查制度,对影响或者可能影响国家安全的外商投资进行安全审查。修订完善反间谍法,用法律手段防范间谍行为,明确细化非法行为和合法行为的界限。这些措施只是针对危害中国正当国家利益的行为,旨在为更高水平对外开放提供安全保障,不影响正常商业往来、科研合作、学术交流和民间交往等活动。

　　开放是中国式现代化的鲜明标识。过去 40 多年,中国经济发展和社会稳定是在开放条件下取得的,未来中国实现高质量发展和高水平安全也必须在开放的条件下进行。无论国际风云如何变幻,中国都将在确保安全基础上扩大自主开放、主动开放,让对外开放大门越开越大。

五、践行全球安全倡议，
推进国际共同安全

人类是一个整体，地球是一个家园，全球性挑战需要全球性应对。势力范围、霸权稳定、同盟体系等旧思维应对不了新安全挑战，实现国际共同安全需要新理念、新办法。

（一）全球安全倡议贡献中国智慧

中国提出全球安全倡议，回应了国际社会维护世界和平、防止冲突战争的迫切需要，呼应了绝大多数国家要求合作共赢、反对霸权霸道霸凌的普遍愿望，顺应了各国人民建设持久和平、普遍安全世界的共同追求，为消弭国际冲突根源、应对全球安全挑战、完善全球安全治理提供了新方案。截至 2024 年底，得到 119 个国家和国际组织的支持赞赏，写入 123 份双多边政治文件。

全球安全倡议既是人类命运共同体的"安全篇"，也是总体国家安全观的"世界篇"；既是中国对全球安全治理给出的中国答案,也是对自身安全与国际共同安全的辩证认识。它植根于中国独立自主的和平外交政策与实践,来源于讲信修睦、和合共生的中华文化与智慧。

全球安全倡议的核心理念与原则,是坚持共同、综合、合作、可持续的安全观;坚持尊重各国主权、领土完整;坚持遵守联合国宪章宗旨和原则;坚持重视各国合理安全关切;坚持通过对话协商以和平方式解决国家间的分歧和争端;坚持统筹维护传统领域和非传统领域安全。共同,就是要尊重和保障每一个国家的安全;综合,要统筹维护传统领域和非传统领域安全,协调推进安全治理;合作,要通过对话合作促进各国和本地区安全;可持续,要发展和安全并重以实现持久安全。

面对气候变化、网络安全等全球性挑战,没有哪个国家能独善其身,也不应让任何国家成为孤岛。中国主张共同安全,各国安全利益平等,任何国家的正当合理安全关切都应得到重视和妥善解决。任何国家都不能把自身安全凌驾于他国安全之上,更不能以损害他国安全为代价。构建均衡、有效、可持续的安全架构,是实现共同安全的有效途径。

奉行实力至上,追求绝对安全,只会走入安全困境。以意识形态划线,搞针对特定国家的阵营化和排他性"小圈子"，只会制造分裂和对抗。制裁、干涉只会越管越乱，冲突战争没有赢家，本国优先、赢者通吃只会导致全输。中国主张合作安全，坚持对话、合作、共赢，以和平方式解决分歧与争端。

中国主张加强全球安全治理，践行共商共建共享的全球治理观，坚持真正的多边主义，主张厉行国际法治，推动全球安全治理体系朝着更加公正合理的方向变革，更加平衡地反映大多数国家的意愿和利益，更好满足应对全球性挑战的现实需要。

（二）推动倡议落实增进共同安全

——支持联合国成为各国共同维护普遍安全的核心平台

世界各国应该维护以联合国为核心的国际体系，以国际法为基础的国际秩序，以联合国宪章宗旨和原则为基础的国际关系基本准则。中国始终把捍卫联合国权威、维护二战后国际秩序视为自己的职责。中国积极支持联合国依据授权开展斡旋，支持安理会在和平与安全问题上发挥首要作用，努力维护安理会权威和团结，建设性参与国际安全事务讨论。安理会改革应坚持民主协商，提高发展中国家特别是非洲国家的代表性和发言权,切实纠正历史不公。

坚定支持联合国提高维和行动履行授权能力。中国是联合国第二大会费国、第二大维和摊款国,也是安理会常任理事国第一大维和行动出兵出警国。支持联合国在国际反恐斗争中发挥中心协调作用,在全球数字治理和规则制定方面发挥主导作用,支持世卫组织在全球卫生事务中发挥领导协调作用,支持联合国教科文组织推动全球教育、科技、文化发展,促进文明交流互鉴、包容合作。

专栏二:中国是联合国维和行动的关键力量

截至 2024 年 5 月,中国累计派出维和人员 5 万余人次,赴 20 多个国家和地区参加近 30 项联合国维和行动。组建全球首支成建制安全维和警队,向塞浦路斯、苏丹、中非等地派出维和警察执行任务。25 名中国维和人员献出生命。充分发挥中国—联合国和平与发展基金作用,启动实施一系列项目,涵盖维和人员培训、维和行动快速部署、非洲反恐能力建设等。

——推进构建普遍安全的世界

中俄新时代全面战略协作伙伴关系不断深化,树立了大国邻国之间友好交往的典范。中俄关系具有强大内生动力和独特战略价值,建立在不结盟、不对抗、不针对第三方基础上,不受任何第三方影响,不受外部因素干扰和胁迫。

中国始终按照相互尊重、和平共处、合作共赢的原则处理中美关系，致力于中美关系稳定、健康、可持续发展，赓续中美人民传统友谊。中美两个大国交往，任何一方不能从所谓"实力地位"出发压制对方，不能为保持本国领先地位剥夺对方正当发展权利。台湾问题、民主人权、道路制度、发展权利的4条红线不容挑战。一个中国原则和中美三个联合公报是双边关系的政治基础，必须恪守。"修昔底德陷阱"不是历史的宿命，"新冷战"打不得也打不赢，对华遏制不明智、不可取，更不会得逞。中国愿与美国共同探寻两个大国在这个星球上的正确相处之道，造福两国、惠及世界。

中国始终视欧洲为合作伙伴，认为欧洲是多极世界中的重要一极，支持欧洲加强战略自主。中国致力于同欧洲发展全面战略伙伴关系，愿与欧洲共同维护自由贸易，共同捍卫多边主义，携手积极应对气候变化等全球性挑战。

坚持同周边国家发展睦邻友好关系。截至2025年3月，中国同巴基斯坦、印度尼西亚等周边17国达成构建命运共同体的共识，支持和完善以东盟为中心的地区安全合作，反对借"印太战略"分裂地区，反对拼凑"亚太版北约"，反对北约越界扩权，反对一些国家在亚太地区搞核共享、延伸威慑和部署陆基中导。致力于同东盟国家共同维护南海和平稳定，积极推进"南海行为准则"磋商进程，坚持通过对话协商解决争议，坚持通过互利合作实现共赢，把南海建设成和平之海、友谊之海和合作之海。中国倡导域外国家尊重地区国家的努力，反对个别国家为一己私利挑动是非。

作为发展中国家、"全球南方"的一员，中国致力于共促"全球南方"事业，支持"全球南方"国家加强全球安全治理，探索标本兼治的热点问题解决之道，共同做维护和平的稳定力量、开放发展的中坚力量、全球治理的建设力量、文明互鉴的促进力量。

始终做中东和平的建设者。支持中东国家团结协作解决地区安全问题，提出实现中东安全稳定五点倡议，提出构建中东安全新架构四点建议，促成沙特伊朗和解，致力于推动巴勒斯坦问题早日得到全面、公正、持久解决。

支持非洲国家增强自主维护和平的能力，支持拉美和加勒比国家反对外部干涉、维护自身和平稳定，协助太平洋岛国应对海洋灾害、海平面上升等全球性挑战。

——建设性参与国际和地区热点问题政治解决

在乌克兰问题上，恪守客观公正，积极劝和促谈，提出"四个应该"、"四个共同"、"三点思考"，发布《关于政治解决乌克兰危机的中国立场》，同巴西联合发布"六点共识"，会同"全球南方"国家发起"和平之友"小组，坚决维护"核战争打不赢也打不得"共识，积极推动落实《五个核武器国家领导人关于防止核战争与避免军备竞赛的联合声明》，为防止乌克兰危机升级为核冲突发挥重要作用。中方支持一切致力于和平的努力，同时认为所有当事方和利益攸关方都应适时参与到和谈进程中。

专栏三:中国推动乌克兰危机政治解决的政策立场
"四个应该""四个共同""三点思考""六点共识"

四个应该	· 各国主权、领土完整都应该得到尊重； · 《联合国宪章》宗旨和原则都应该得到遵守； · 各国合理安全关切都应该得到重视； · 一切有利于和平解决危机的努力都应该得到支持。
四个共同	· 国际社会应该共同支持一切致力于和平解决乌克兰危机的努力； · 共同反对使用或威胁使用核武器； · 共同努力确保全球产业链供应链稳定； · 共同为危机地区的平民过冬纾困，改善人道主义状况，防止出现更大规模人道主义危机。
三点思考	· 冲突战争没有赢家； · 复杂问题没有简单解决办法； · 大国对抗必须避免。
六点共识	· 呼吁有关各方遵守局势降温"三原则"，即战场不外溢、战事不升级、各方不拱火； · 认为对话谈判是解决乌克兰危机的唯一可行出路； · 应加大对相关地区人道主义援助，防止出现更大规模的人道主义危机； · 反对使用大规模杀伤性武器，特别是核武器和生化武器； · 反对攻击核电站等和平核设施； · 反对割裂世界，制造封闭的政治或经济集团。

为新一轮巴以冲突停火止战疾呼，为保护平民奔走，为

人道救援贡献力量,推动安理会通过首份加沙停火决议,促成巴勒斯坦各派别举行和解对话并签署《关于结束分裂加强巴勒斯坦民族团结的北京宣言》,向加沙提供多批人道主义援助,致力于推动巴勒斯坦问题回到"两国方案"的正确轨道。

持之以恒致力于朝鲜半岛问题的政治解决,并行推进半岛和平机制建设和半岛无核化进程,均衡解决各方合理关切。积极斡旋缅北和平,支持缅甸政治和解和转型进程。支持阿富汗和平重建,积极开展国际协调,提供人道主义援助。

——积极参与全球安全治理

中国是联合国安理会五个常任理事国中唯一承诺不首先使用核武器的国家,承诺无条件不对无核武器国家和无核武器区使用或威胁使用核武器,始终把核力量维持在国家安全需要的最低水平。中国积极参与国际军控、裁军和防扩散进程,推动伊核全面协议恢复履约谈判。

始终以积极姿态参与全球气候谈判议程和国际规则制定,坚持不懈为发展中国家改善环境治理提供力所能及的资金、技术支持。

支持坚决打击一切形式的恐怖主义,积极倡导区域反恐合作。坚定支持打击跨国犯罪,发起大湄公河次区域禁毒合作机制,与澳大利亚、柬埔寨、越南等国开展缉毒执法合作,开展中泰缅老四国警方合作打击赌诈集团专项联合行动。中国是全球第一个正式整类列管芬太尼类物质的国家。

对全球公共卫生安全尽责。截至 2024 年底,中国累计向 77 个国家和地区派遣医疗队员 3 万余人次,造福患者 3 亿人次。面对新冠疫情,中国毫无保留地分享抗疫经验,全力帮助国际社会抗疫。

积极推动完善全球粮食和能源安全治理体系,在二十国集团框架下提出国际粮食安全合作倡议,推动通过《金砖国家粮食安全合作战略》和《上海合作组织成员国元首理事会关于维护国际能源安全的声明》。

——推动新兴领域安全合作

倡导构建和平、安全、开放、合作、有序的网络空间,积极拓展与金砖国家、上合组织、中亚五国、非洲国家的网络安全合作。

主张达成反映各方意愿、尊重各方利益的全球数字治理规则,积极参与联合国《全球数字契约》,提出《全球数据安全倡议》和《全球数据跨境流动合作倡议》。

坚持开放而不筑墙、互通而不脱钩、平等而不歧视,打造开放、包容、普惠、非歧视的人工智能发展环境,发布《全球人工智能治理倡议》。提出以人为本、智能向善、普惠包容等治理理念,推动联合国大会协商一致通过加强人工智能能力建设国际合作决议,成立人工智能能力建设国际合作之友小组。作为负责任的大国,中国主动优化调整无人机出口管制政策,并禁止所有民用无人机出口用于军事目的。

致力于和平利用外空,坚决反对太空武器化和外空军备竞赛,积极参与联合国外空安全治理。第 77 届、78 届联合国大会裁军与国际安全委员会高票通过中国、俄罗斯等国共提的"不首先在外空部署武器"和"防止外空军备竞赛的进一步切实措施"决议。

在保障自身合法权益的基础上,建设性参与《〈联合国海洋法公约〉下国家管辖范围以外区域海洋生物多样性的养护和可持续利用协定》和《国际海底区域内矿产资源开发规章》制订;开展南、北极科学考察、环境保护等国际合作。

六、在深化改革中推进国家安全体系和能力现代化

推进国家安全体系和能力现代化,是推进国家治理体系和治理能力现代化的重要内容,是积极应对风险挑战,服务保障强国建设、民族复兴伟业的内在要求,也是主动适应世界之变、完善全球安全治理的客观需要。

进入新时代,中国全面深化改革,以巨大的政治勇气开启国家安全体系和能力现代化建设进程,通过设立中央国家安全委员会,建立集中统一、高效权威的国家安全领导体制和工作机制;出台以国家安全法为统领的一系列国家安全法律法规,初步形成国家安全法律体系;制定《国家安全战略纲要》、《国家安全战略(2021—2025年)》,出台一系列重点领域国家安全战略和政策,初步形成国家安全战略体系和政策体系;加强风险防范、应急处置,全领域覆盖、多层级运转的风险监测预警体系和大安全大应急框架初具雏形;调整国家安全力量布局,加强重点领域安全能力建

设,加强国家安全教育,建立起国家安全体系和能力现代化的四梁八柱,为下一步攻坚克难、不断完善奠定了良好基础。

新时代新征程,中国进一步全面深化改革,更加注重统筹发展和安全,把维护国家安全摆在更加突出的位置,加快推进国家安全体系和能力现代化。

——明确目标。聚焦建设更高水平平安中国,健全国家安全体系,强化一体化国家战略体系,增强维护国家安全能力,创新社会治理体制机制和手段,有效构建新安全格局。到2035年,全面加强国家安全体系和能力,为基本实现社会主义现代化筑牢安全屏障。

——完善布局。从国家安全体系、公共安全治理机制、社会治理体系、涉外国家安全机制等四个方面进行统一布局,贯通国家安全和社会稳定、国内和国际、顶层和基层、传统安全和非传统安全,实现国家安全全覆盖。

——突出主线。以改革创新为动力,以体系化和机制化为主线,完善维护国家安全体制机制,更加注重协同高效、法治思维、科技赋能、基层基础,实现高质量发展和高水平安全良性互动。

（一）健全联动高效的国家安全体系

国家安全体系是国家安全制度及其执行能力的集中体现。着力推动国家安全体系各方面建设有机衔接、系统集成、联动高效,形成体系性合力和战斗力。

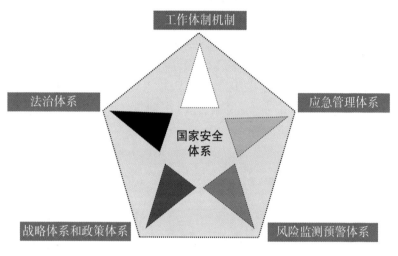

图4　国家安全体系架构图

完善国家安全工作体制机制。坚持党中央对国家安全工作的集中统一领导,完善高效权威的国家安全领导体制,完善重点领域安全保障体系和重要专项协调指挥体系,健全国家安全危机管控机制、督促检查和责任追究机制等。

完善国家安全法治体系。积极推进重点领域、新兴领域、涉外领域国家安全立法,完善涉外法律法规体系和法治实施体系,健全国家安全党内法规体系,打通立法、执法、司法、普法的痛点堵点。

完善国家安全战略体系和政策体系。动态完善调整国家安全战略,更好发挥战略宏观引领和统筹协调作用。不断完善重点领域国家安全政策,加强与宏观政策取向的一致性评估,加大政策贯彻执行力度。

完善国家安全风险监测预警体系。加大监测预警基础设施建设运行维护、指标和标准体系建设、风险排查调查统计等基础性投入,加强人才队伍建设和政策支撑保障,推动风险监测、研判、预警、处置各环节有效衔接,提升监测预警科学化、规范化、精细化水平。

完善国家应急管理体系。健全重大突发公共事件处置保障体系,完善大安全大应急框架下应急指挥机制,加强国家区域应急力量建设,完善综合性防灾减灾救灾体系。

（二）锻造实战实用的国家安全能力

国家安全能力是国家合理配置战略资源,以保障相对处于持续安全状态的能力。围绕实现国家安全战略目标,立足国家重大战略实施和重点领域安全能力建设,扎实推进国家安全能力现代化。

加强社会治理。坚持和发展新时代"枫桥经验",提升社会矛盾纠纷预防化解能力。强化社会治安整体防控。健全社会工作体制机制,完善社会心理服务体系和危机干预机制,推动社会治理和服务重心向基层下移。

夯实基础保障。贯彻落实能源供给多元化战略,完善战略性矿产资源探产供储销统筹和衔接体系。持续提升粮食综合生产和供给保障能力。深化人才发展体制机制改革,强化国家安全专业型、复合型人才培养选拔。

筑牢军事国防屏障。深入贯彻军委主席负责制,完善人民军队领导管理体制机制。持续深化联合作战体系改革,统筹推进传统安全领域和新型安全领域军事力量建设和军事斗争准备。深化跨军地改革,优化国防科技工业布局,建设先进国防科技工业体系,巩固提高一体化国家战略体系和能力。

推进科技赋能。针对国家安全领域的重大需求,以新型举国体制开展关键核心技术攻关。加大国家战略科技力量建设,加强新技术在国家安全领域的成果转化和应用,推进国家安全新域新质能力建设。

强化国际运筹。完善涉外国家安全机制,促进大国关系总体稳定、均衡发展,深化同周边国家友好互信和利益融合,加强"全球南方"国家之间团结协作,引导国际社会共同维护国际安全。

提升宣教质效。加强国家安全宣传教育,增强全民国家安全意识。加强国家安全学学科建设,提升国家安全研究水平,加强国家安全人才培养。构建新时代国家安全话语体系和叙事体系,做精做深总体国家安全观对外宣介。

结　束　语

新时代中国国家安全在全面深化改革中发展,在伟大斗争中成长,在中国式现代化建设中壮大,将在强国建设、民族复兴进程中践行使命。

一路走来,中国国家安全依靠人民战胜艰难险阻;新征程上,仍然要依靠人民创造历史。万众一心,就能筑起国家安全坚不可摧新的长城,战胜前进道路上的一切风险挑战,赢得和平发展机遇。

中国珍视来之不易的安全,始终以守护人民安全、维护世界和平为己任。中国坚持引领和平发展,坚持促进世界稳定和繁荣,在追求自身安全的同时,将与各国携手共商共建共享国际共同安全,为世界持久和平、普遍安全而努力奋斗。

附件：新时代国家安全领域重点法律列表

法律名称	出台时间	
《中华人民共和国国家安全法》	2015 年 7 月 1 日第十二届全国人民代表大会常务委员会第十五次会议通过，自 2015 年 7 月 1 日起施行。	
《中华人民共和国反恐怖主义法》	2015 年 12 月 27 日第十二届全国人民代表大会常务委员会第十八次会议通过，自 2016 年 1 月 1 日起施行。	
《中华人民共和国境外非政府组织境内活动管理法》	2016 年 4 月 28 日第十二届全国人民代表大会常务委员会第二十次会议通过，自 2017 年 1 月 1 日起施行。	

法律名称	出台时间	
《中华人民共和国网络安全法》	2016 年 11 月 7 日第十二届全国人民代表大会常务委员会第二十四次会议通过，自 2017 年 6 月 1 日起施行。	中华人民共和国网络安全法 含章案说明 中国法制出版社
《中华人民共和国核安全法》	2017 年 9 月 1 日第十二届全国人民代表大会常务委员会第二十九次会议通过，自 2018 年 1 月 1 日起施行。	中华人民共和国核安全法 含章案说明 中国法制出版社
《中华人民共和国国家情报法》	2017 年 6 月 27 日第十二届全国人民代表大会常务委员会第二十八次会议通过，自 2017 年 6 月 28 日起施行。2018 年 4 月 27 日第十三届全国人民代表大会常务委员会第二次会议修正。	中华人民共和国国家情报法 中国法制出版社
《中华人民共和国香港特别行政区维护国家安全法》	2020 年 6 月 30 日第十三届全国人民代表大会常务委员会第二十次会议通过，自 2020 年 6 月 30 日起施行。	中华人民共和国香港特别行政区维护国家安全法 人民出版社

法律名称	出台时间	
《中华人民共和国出口管制法》	2020 年 10 月 17 日第十三届全国人民代表大会常务委员会第二十二次会议通过,自 2020 年 12 月 1 日起施行。	
《中华人民共和国国防法》(修订)	2020 年 12 月 26 日第十三届全国人民代表大会常务委员会第二十四次会议修订通过,自 2021 年 1 月 1 日起施行。	
《中华人民共和国生物安全法》	2020 年 10 月 17 日第十三届全国人民代表大会常务委员会第二十二次会议通过,自 2021 年 4 月 15 日起施行。	
《中华人民共和国数据安全法》	2021 年 6 月 10 日第十三届全国人民代表大会常务委员会第二十九次会议通过,自 2021 年 9 月 1 日起施行。	

法律名称	出台时间	
《中华人民共和国陆地国界法》	2021 年 10 月 23 日第十三届全国人民代表大会常务委员会第三十一次会议通过，自 2022 年 1 月 1 日起施行。	中华人民共和国陆地国界法 中国法制出版社
《中华人民共和国反间谍法》（修订）	2023 年 4 月 26 日第十四届全国人民代表大会常务委员会第二次会议修订通过，自 2023 年 7 月 1 日起施行。	中华人民共和国反间谍法 含草案说明 中国法制出版社
《中华人民共和国外国国家豁免法》	2023 年 9 月 1 日第十四届全国人民代表大会常务委员会第五次会议通过，自 2024 年 1 月 1 日起施行。	中华人民共和国外国国家豁免法 人民出版社
《中华人民共和国保守国家秘密法》（修订）	2024 年 2 月 27 日第十四届全国人民代表大会常务委员会第八次会议修订通过，自 2024 年 5 月 1 日起施行。	中华人民共和国保守国家秘密法 法律出版社

法律名称	出台时间	
《中华人民共和国粮食安全保障法》	2023 年 12 月 29 日第十四届全国人民代表大会常务委员会第七次会议通过,自 2024 年 6 月 1 日起施行。	

责任编辑：祝曾姿

图书在版编目（CIP）数据

新时代的中国国家安全 / 中华人民共和国国务院新
闻办公室著. -- 北京 ： 人民出版社，2025. 5. -- ISBN
978 - 7 - 01 - 027306 - 8

Ⅰ. D631

中国国家版本馆 CIP 数据核字第 2025CE4187 号

新时代的中国国家安全
XINSHIDAI DE ZHONGGUO GUOJIA ANQUAN
（2025 年 5 月）

中华人民共和国国务院新闻办公室

人民出版社 出版发行
（100706 北京市东城区隆福寺街 99 号）

中煤（北京）印务有限公司印刷 新华书店经销

2025 年 5 月第 1 版 2025 年 5 月北京第 1 次印刷
开本：850 毫米×1168 毫米 1/32 印张：2.125
字数：34 千字

ISBN 978 - 7 - 01 - 027306 - 8 定价：5.50 元

邮购地址 100706 北京市东城区隆福寺街 99 号
人民东方图书销售中心 电话 （010）65250042 65289539